Table des matières

Introduction

Si vous voulez gagner de l'argent sur internet, la vente d'un ebook doit être l'une des stratégies à privilégier. Lorsque vous vendez un ebook, vous vendez _votre_ produit ce qui aide tout de suite à maximiser les profits. Vous n'êtes pas un affilié ou un annonceur ; vous êtes maintenant tout en haut de la pyramide des ventes et vous n'avez pas à partager vos profits avec qui que ce soit.

Par ailleurs quand vous vendez un ebook, vous gardez les gens plus attachés à votre marque. Lorsque vous faites de la publicité, vous êtes essentiellement payé pour envoyer vos visiteurs loin de vos pages. Mais à l'inverse quand vous vendez votre propre produit, les visiteurs s'engagent beaucoup plus avec votre marque (ou votre nom) et voient encore plus de preuves de votre compétence. Si vous vendez un premier ebook de qualité, ce sera encore plus facile d'en

vendre un deuxième, puis un troisième etc... La preuve ? J'en suis à plus de 110 titres (en fait j'ai arrêté de compter...) ! Et comme si cela ne suffisait pas, les livres électroniques ont l'avantage non négligeable d'être *presque* gratuits à concevoir.

Cela signifie que toutes les recettes que vous générez à partir de vos ebooks vous rapporteront *presque* 100% de bénéfices et que vous ne perdez pas ou peu d'argent si le livre ne se vend pas. Il s'agit d'un modèle d'affaires sans trop de risque ni de contraintes. Et comme bonus supplémentaire, la création d'un ebook est une activité que n'importe qui peut pratiquer sans avoir besoin de compétences spécialisées ou d'outils spécifiques. Si vous savez écrire et que vous disposez d'un traitement de texte de base sur votre ordinateur, alors c'est parfait.

Les défis et pourquoi c'est le moment idéal

Bien sûr, aucun modèle d'affaires n'est parfait cependant et il y a évidemment toujours des défis à relever lorsque vous créez un produit et que vous essayez de le vendre.

Le plus grand défi lorsqu'il s'agit de créer et de vendre des livres électroniques, c'est de démontrer que votre livre apportera de la valeur au lecteur sous forme de bénéfices évidents et de s'assurer qu'il est attrayant pour le plus large public possible.

Plus précisément, le problème avec les ebooks est qu'ils ne plaisent pas à tout le monde et qu'il peut être difficile de vous distinguer d'un grand nombre de produits de mauvaise qualité. Malheureusement, le fait que les ebooks sont si faciles à créer et si rentables, signifie que beaucoup de gens ont profité de la situation en vendant des ebooks qui n'offrent pas franchement d'intérêt.

Vous avez probablement constaté ceci par vous-même en surfant sur le net, en tombant sur de très nombreuses publicités pour "gagner de l'argent sur internet sans rien faire", ou "rencontrer l'âme sœur sans sortir de chez soi" ou bien encore "perdre 5 kilos avant la fin de la semaine". Ce sont les thématiques qui fonctionnent, alors il y a du monde sur le créneau !

Souvent, lorsque vous téléchargez ces livres électroniques, vous constatez qu'ils ne contiennent pratiquement aucune information utile.

Et même en cas de bonne qualité, c'est toujours un défi d'essayer de convaincre les gens qui ne font pas confiance à internet d'acheter et de télécharger des ebooks. Par exemple, il est encore difficile de convaincre une personne âgée de lire des livres sur son ordinateur. Essayez avec quelqu'un de votre famille, vous verrez bien !

Cela dit, c'est toujours le bon moment pour créer et vendre un ebook. Jamais les livres électroniques n'ont été aussi largement acceptés ou appréciés par un si grand nombre de personnes. C'est une question d'époque : l'explosion du commerce sur internet a largement contribué au succès des ebooks. Et le succès ne se dément pas, bien au contraire. C'est en partie dû à l'augmentation du nombre d'appareils numériques plus portables et mieux adaptés à la lecture des livres électroniques. Exemple : les téléphones portables. Et c'est aussi en partie grâce au Kindle d'Amazon. Saviez-vous qu'Amazon a vendu plus de livres numériques que de livres imprimés depuis 2010 grâce au Kindle ? Et cela attire un vaste auditoire qui comprend les employés de bureau sur leurs trajets domicile-travail, les étudiants et les mamans au foyer...et toute personne qui possède un smartphone. Ce qui fait beaucoup de monde vous en conviendrez.

Il y a plus de 4,3 millions d'ebooks disponibles aux Etats-Unis à travers Amazon et ce nombre ne cesse d'augmenter. Ensuite, vous avez les innombrables ebooks vendus à travers des plateformes comme 1TPE et Clickbank... c'est donc plus que jamais le bon moment pour devenir auteur d'ebook.

- La clé est de créer un ebook qui présente un intérêt pour un auditoire aussi étendu que possible
- Et d'atteindre le plus large public avec les bonnes stratégies de marketing et de publicité.

Nous allons voir comment faire toutes ces choses ici.

A la fin de cet ebook, vous saurez :

- Comment créer un ebook (soit vous-même, soit par la sous-traitance)
- Comment concevoir une couverture et choisir un titre
- Comment évaluer le prix de votre livre
- Comment formater et éditer votre livre
- Où commercialiser votre livre pour maximiser les ventes
- Comment vendre des exemplaires physiques de votre livre
- Comment augmenter vos ventes et atteindre le plus grand public possible
- Comment vendre des ebooks à partir de votre site web
- Et d'autres petites choses encore

Chapitre 1 : choisir un domaine et Trouver un titre qui vend

Vous savez maintenant pourquoi les livres électroniques sont un excellent moyen de faire de l'argent et vous connaissez la situation actuelle de ce secteur.

Ne tournons plus autour du pot : plongeons directement dans la création de votre ebook pour que vous puissiez commencer à en profiter.

Et le meilleur moyen de commencer lorsqu'il s'agit de créer un livre est de trouver un _titre_ et une _niche_ (ou un domaine, une thématique). En d'autres termes : de quoi parle votre livre ?

Comment l'appellerez-vous ? À qui plaira-t-il ? Et comment allez-vous le commercialiser ?

C'est peut-être la décision la plus importante lorsqu'il s'agit de votre livre, car elle aura un impact sur tous les autres aspects de votre activité. Le domaine de votre livre, par exemple, n'affectera pas seulement ce que vous allez écrire et ce que vous avez besoin de savoir ; il déterminera votre public cible et, par ricochet, où vous allez le commercialiser. Il dictera les stratégies de marketing que vous pouvez utiliser pour le vendre et il déterminera même combien vous pourrez le vendre. Certains sujets vous permettent de facturer plus que d'autres parce qu'ils offrent de plus gros changements de style de vie et des avantages plus impressionnants.

Entre-temps, votre titre est ce que vous utiliserez pour représenter le domaine, ainsi que la "proposition de valeur" de votre livre (p. ex. ce que vous prétendez que votre livre peut faire pour les gens). Lisez ce qui suit et nous verrons comment choisir le thème idéal pour votre livre, puis comment en trouver le titre parfait.

Choisir votre niche

Lorsqu'il s'agit de choisir un marché de niche, il y a énormément de facteurs à considérer et un grand nombre de façons différentes d'y penser.

La première et la plus évidente considération dans de nombreux cas est de savoir quel type d'activité ou d'expertise vous avez déjà. En d'autres termes, si vous avez déjà un site web ou un blog, alors vous

voudrez très probablement créer un livre qui est basé sur le même sujet afin que vous puissiez vendre à votre public existant.

Donc, si vous avez un blog qui traite de la forme physique, faire un guide de remise en forme est la décision logique. Bien que vous puissiez tenter de vendre un ebook sur un autre sujet, cela ne vous ferait que du travail supplémentaire inutile, surtout si vous avez déjà conquis un public passionné et développé un certain niveau de confiance avec eux. Autant en profiter !

Si vous n'avez pas déjà un blog ou un site web, alors vous devez réfléchir au type de sujet qui pourrait vous intéresser. Vous allez devoir écrire au moins 10 000 mots pour créer l'ebook proprement dit (à moins que vous ne le sous-traitiez) sans compter le contenu nécessaire à la promotion de votre titre. Ce contenu additionnel peut être du texte, mais aussi une petite vidéo YouTube par exemple. Si vous connaissez très bien le sujet, il sera facile d'apporter quelque chose de nouveau au domaine, de créer du contenu qui démontre votre expertise et de trouver les bonnes manières de vous faire connaître.

Inversement, si vous choisissez un sujet pour lequel vous n'avez aucune expérience, vous aurez évidemment de la difficulté à contribuer au domaine et, selon toute vraisemblance, vous aurez de la difficulté à faire des ventes. C'est la mauvaise nouvelle !

En fait, c'est l'une des considérations les plus déterminantes dans le choix de votre niche. Il y a juste trop de gens qui écrivent des livres électroniques sur des sujets qu'ils pensent pouvoir vendre facilement et sans aucune expérience en la matière. Autant le dire : cela se traduit souvent par une perte de temps, et rien d'autre. En plus du fait que le livre se répète sur des pages et des pages, le contenu marketing est nul ou inefficace et rien ne motive le client potentiel à acheter. De même, les vendeurs savent très souvent eux-mêmes qu'ils ne fournissent pas beaucoup de contenu utile et se sentent donc timides pour en faire la promotion.

C'est encore plus problématique si vous essayez de vendre sur la plateforme Kindle, car ici les gens peuvent lire un aperçu gratuit avant de d'acheter le produit. Par conséquent, ils verront tout de suite que vous n'offrez rien de nouveau et ils partiront.

À ce stade, vous vous dites peut-être : "Je vais juste sous-traiter le contenu". Même dans ce cas vous allez devoir relever des défis. Parce que même si vous embauchez le meilleur écrivain au monde, il y a de fortes chances qu'il ne soit pas un expert dans le domaine que vous avez choisi. Et sous-traiter à un prix !

Vous ne pouvez pas trouver une agence d'écriture au hasard et leur demander de vous écrire "le livre définitif sur la programmation en

C++". Même s'ils connaissent le C++ ou sont capables de l'apprendre, ils ne pourront guère rivaliser avec tous les livres écrits par de véritables experts.

Bref, vous devez avoir une certaine expertise dans le domaine que vous allez choisir. Et si vous n'êtes pas expert, choisissez au moins une niche que **vous aimez beaucoup** et que **vous connaissez un minimum.**

Vous devriez également décider si vous allez créer un guide de référence définitif ou un livre qui offre une toute nouvelle perspective. Cette dernière est plus difficile à imaginer mais beaucoup plus facile à créer.

Voyez les choses de cette façon : si vous créez un ebook de remise en forme, alors vous devez rivaliser avec les milliers et milliers d'ebooks de remise en forme déjà sur le marché. Comment faites-vous ça ?

Une option est d'être à 100% *complet*. Cela signifie que vous allez chercher à faire un meilleur travail que tous les autres livres électroniques sur le même sujet et que vous allez écrire le texte de référence auquel les gens se tourneront lorsqu'ils voudront en savoir plus sur le sujet.

Vous pouvez aussi choisir une sous-catégorie de votre sujet principal ("Le régime méditerranéen bio", "Musculation et endurance musculaire","10 minutes de yoga par jour") mais en fin de compte votre but est toujours d'offrir quelque chose qui est différent de tout ce qui est déjà proposé sur le marché.

Une alternative est de proposer une approche originale d'un problème connu ou un point de vue différents sur un domaine spécifique. Cela veut dire que vous proposez **votre propre** régime méditerranéen ou **votre propre** enchaînement de yoga (approches nouvelles de sujets classiques). Vous aborderez le sujet de la formation d'une manière nouvelle et unique. Autre possibilité : visez un public qui n'est habituellement pas ciblé.

Si votre motivation est juste d'écrire un ebook pour le plaisir de l'écrire, attention à la déception ! Vous devez toujours garder en tête *la nécessité de proposer du contenu de valeur, utile, qui apporte des bénéfices directs au lecteur, et dont l'intérêt est clairement identifiable.*

Quelles sont les meilleures niches ?

Il peut donc y avoir un certain écart entre ce que vous voudriez écrire et ce qui fera vendre.

Les niches les plus populaires pour des ebooks qui rapportent vraiment sont toujours les mêmes :

- Le bien-être, la forme physique
- Les relations sociales et amoureuses
- Tout ce qui a trait à l'argent (en économiser, en gagner) Et la

raison en est que tous ces sujets font appel à des envies ou des objectifs universels.

– Nous voulons tous de l'argent, nous voulons tous être en bonne santé et nous souhaitons être reconnus et appréciés par nos pairs.

Une autre façon de le dire, c'est que les livres électroniques ont une *"proposition de valeur"* particulièrement attrayante. Une proposition de valeur est la promesse de bénéfices et d'avantages liés à la lecture votre ouvrage. Ces bénéfices doivent être facilement perceptibles par le client potentiel, grâce au titre, au sous-titre et à l'argumentaire de promotion.

Les gens n'achètent pas des livres de remise en forme simplement parce qu'ils veulent être en meilleure santé. Ils les achètent parce qu'ils veulent être sûrs de leur apparence, parce qu'ils veulent se sentir séduisants et parce qu'ils veulent se réveiller plein d'énergie le matin. C'est *l'émotion* derrière votre produit qui compte vraiment.

Si votre livre traite du tricot, alors votre proposition de valeur est peu affective et bouleversante. Les gens apprennent à tricoter pour s'occuper le soir et comme passe-temps amusant ; ils n'apprennent pas pour changer leur vie, leur santé ou leurs relations.

Pour ces raisons, vous ne pouvez pas positionner le prix d'un tel ebook trop haut...SAUF si vous le présentez par exemple comme une source de revenus potentiels : "Découvrez comment transformer votre passion pour le tricot en source de revenus additionnels".

Voilà une approche marketing originale et claire !

Faire ressortir un livre pour vous démarquer et vous faire remarquer est un grand défi, alors vous devez utiliser les conseils

donnés plus tôt pour rendre votre livre unique et contourner une partie de la concurrence. Voilà des exemples :

- Fitness pour les plus de 50 ans
- Comment faire 10 minutes de sport avant 8h du matin
- Activité sportive et diabète : conseils et astuces
- Les trois outils secrets des personnes productives

Vous voyez que le cumul de deux thématiques simples permet d'atteindre un certain niveau d'originalité (sport et diabète par exemple). Comme déjà évoqué il peut être bon également de cibler des secteurs d'activité et/ou des catégories socio-professionnelles.

Voici quelques exemples de tels thèmes : éclairage de scène, gestion d'un café, construction d'applications Android, gagner de l'argent comme coach personnel.

Avec de tels sujets vous avez à la fois un *créneau* spécifique et un *public* spécifique. Cela vous donnera toujours quelques facilités pour promouvoir votre ebook car le public visé fréquente forcément des lieux clairement indiqués et répertoriés (de type forum, groupe Facebook ou Groupe LinkedIn).

Comment choisir un titre de livre électronique

Après toutes ces considérations thématiques il apparaît judicieux de passer au titre de votre livre. Ce qui est important ici, c'est de choisir un titre qui reflète le contenu du livre et qui attire l'attention des lecteurs potentiels. Cela signifie que vous devez exprimer la "*proposition de valeur*" dont nous avons déjà discuté, vous devez mettre en évidence ce qui distingue votre livre et vous devez vous assurer de mentionner tout ce qui va être couvert. Alors n'appelez pas votre livre "Guide Sportif" parce que c'est beaucoup trop général. Préférez : "Le lève-tôt sportif : comment profiter du matin pour faire du sport tous les jours". C'est à la fois précis et ciblé.

On se doute qu'un tel livre va intéresser toutes les personnes qui ont du mal à trouver du temps pour pratiquer une activité physique. De même, ne pas choisir "Ouvrir un restaurant de sushi" mais préférer "Mon restaurant de Sushi en 5 étapes : comment gérez votre propre établissement, vivre vos rêves et cuisiner des sushis étonnants !"

Avoir un titre et un sous-titre comme celui-ci signifie que vous pouvez dire tout ce que vous avez besoin de dire, tout en ayant quelques mots accrocheurs à des fins de marketing.

Chapitre 2 : rédiger ou sous-traiter

Nous venons de consacrer un peu de temps au domaine et au titre de votre ebook, vous comprenez maintenant pourquoi c'est si important. Cela va vous permettre d'étoffer le contenu et d'organiser le texte proprement dit.

Bref, vous devez maintenant vous concentrer sur la mise en œuvre de ce qui fait l'intérêt de votre ebook pour le lecteur : la résolution d'un problème spécifique, de manière efficace, originale et rapide.

C'est le seul moyen de rendre votre ebook digne d'achat.

- Qu'est-ce que votre livre fait vraiment pour le lecteur ?
- Qu'est-ce qui le rend différent et unique ?
- Quelle valeur apportez-vous ?

- Quels sont, précisément, clairement et simplement, les bénéfices et avantages que vous apportez au lecteur ?

C'est en répondant à ces questions que vous pouvez structurer votre livre et le concevoir de manière à ce que les gens aient envie de le lire d'une traite

Comment structurer le contenu de votre ebook ?

Un bon point de départ est un aperçu sommaire de votre livre, comme une table des matières. Notez que ceci changera probablement avec le temps au fur et à mesure que vous écrirez.

Ce contenu devrait commencer par une introduction et c'est l'un des aspects les plus importants de votre livre, surtout si vous le mettez en vente sur des plateformes qui proposent des extraits gratuits. Bien souvent, c'est l'introduction qui est proposée. Votre objectif n'est ni de tuer le temps, ni de faire du remplissage. Vous devez au contraire aller tout de suite à l'essentiel en vendant le rêve et en décrivant précisément ce que vos lecteurs peuvent s'attendre à obtenir.

Si vous avez un livre électronique sur la remise en forme, vous commencez par dire pourquoi la mise en forme est si importante. Brossez un tableau de ce que la vie pourrait être si vos lecteurs étaient plus forts, plus minces et en meilleure forme physique. Si votre livre est axé sur la résolution d'un problème spécifique, alors votre but sera de vous concentrer sur ce problème et d'en décrire les points douloureux, désagréables et probablement ressentis par les lecteurs concernés.

De là, vous décrivez la nature de votre livre et ce qui le rend différent. En fait, l'idéal est de donner, sous une forme ou une autre, un conseil utile et de valeur. De cette façon, votre auditoire verra tout de suite que vous êtes en mesure de tenir vos promesses et il verra tout de suite que son argent a été bien dépensé.

Enfin, terminez en présentant précisément ce qu'ils peuvent s'attendre à apprendre dans la suite du livre et comment cela aidera à résoudre les problèmes que vous avez décrits.

Ensuite, vous allez lancer le premier chapitre. Dans cette partie, vous devez fournir à vos lecteurs les bases nécessaires pour comprendre le reste du livre. Donc, si vous écrivez sur le marketing internet, vous devriez expliquer ce qu'est le marketing internet et comment il fonctionne.

Cela signifie qu'il faut expliquer les principes de base et donner un peu plus de détails. Si vous écrivez au sujet d'un régime, alors vous devrez présenter l'essentiel de ce qu'il faut savoir au sujet de la nutrition. Cela ne veut pas dire que vous devez écrire un ouvrage scientifique, mais simplement vous assurer que vous préparez le public avec les connaissances dont il aura besoin. Vous pouvez également décrire l'état de l'art de votre domaine particulier.

Ensuite, vous devez démontrer votre philosophie et ce que vous apportez avec vous. Avez-vous un "truc" unique dont votre auditoire va profiter ? Avez-vous une meilleure stratégie que celle à laquelle la plupart des gens pensent ? C'est ici que vous vous différenciez et mettez en valeur l'aspect unique de votre livre.

Commencez maintenant à décrire les étapes précises et montrez à votre auditoire comment combiner les connaissances de base avec votre approche et vos idées uniques. Il peut s'agir d'un seul chapitre ou de sept chapitres et plus selon la complexité du sujet.

Et bien sûr, cela ne doit pas nécessairement être une "stratégie unique" en tant que telle mais tout aussi bien une façon unique de présenter l'information. Si votre livre est un "programme en 10 étapes" pour lancer un restaurant, alors ses chapitres correspondent aux 10 étapes.

Enfin, vous aborderez toute autre réflexion, préoccupation ou suggestion additionnelle et proposerez toute annexe, ressource ou autre information additionnelle.

Vous pouvez varier la structure générale de votre contenu, mais celle-ci a le mérite de la simplicité et a fait ses preuves. Pour récapituler :

- Introduction
- Aperçu du sujet
- Perspective/idées/originalité/concept
- Etape 1
- Etape 2
- Etape 3
- ...
- Etape N
- Autres conseils et discussions
- Conclusion
- Ressources, Références, et/ou Annexe

Sous-traiter votre livre électronique

Si vous ne pouvez/voulez absolument pas écrire le livre vous-même, vous pouvez toujours confier la mission à quelqu'un d'autre. C'est une approche parfaitement acceptable, mais n'oubliez pas ce que nous avons dit plus tôt : vous aurez du mal à trouver quelqu'un qui soit un expert absolu dans le domaine sur lequel vous voulez écrire. Cela ne sera pas sans créer quelques challenges au moment inévitable où il faudra créer de l'originalité.

Assurez-vous de bien chercher un écrivain qui connaît vraiment bien son sujet et demandez à voir un échantillon de ses écrits avant de commander le tout. Ne vous attendez pas à ce qu'on vous écrive gratuitement bien sûr. Mais pensez à commander le premier chapitre ou un seul article avant de payer pour le livre entier.

C'est aussi une bonne idée de leur donner le plus de structure et d'instructions possibles. Permettez leur éventuellement d'aller au-delà de la structure que vous proposez (plan des chapitres par exemple) mais en même temps, assurez-vous que les points clés, le style, les idées que vous voulez faire passer sont bien compris.

Notez également que vous obtiendrez évidemment ce pour quoi vous payez. Cela vaut la peine de payer un peu plus cher pour obtenir quelqu'un qui comprend le sujet, qui a du talent, plutôt que de payer moins cher et d'obtenir un texte que vous devrez reprendre intégralement.

Si vous décidez d'externaliser le processus de rédaction, alors vous pouvez trouver des auteurs sur des sites comme http://www.hopwork.fr. Il vous suffit de publier votre offre d'emploi et une fois que vous avez trouvé quelqu'un, vous pourrez le contacter directement à l'avenir.

Autres façons d'obtenir du contenu

Il y a d'autres possibilités pour vous procurer du contenu. Une option par exemple est de réutiliser le contenu de votre site Web. C'est un truc malin qui peut être très rentable sans que personne ne se fasse du tort.

Pensez-y : si vous avez un blog que vous exploitez depuis 2 ans, alors il y a des chances que vous ayez quelque chose dans les 100 articles environ. Si ces articles font en moyenne 1 000 mots, c'est 100 000 mots de contenu. Et la plupart de vos visiteurs n'auront pas lu tous ces contenus, notamment les plus anciens.

Cela signifie que vous pouvez créer un recueil de données à l'aide de vos anciens articles et inclure du matériel supplémentaire, ce qui vous permettra de profiter davantage du travail que vous avez déjà fait. Si vous vous inquiétez des plaintes, vous pouvez retirer une partie de ce vieux contenu.

Ce n'est pas aussi bien que d'écrire quelque chose en commençant de zéro mais pour tester le potentiel de votre projet, c'est une option envisageable. Encore une fois, ce ne sont pas des stratégies idéales, mais si votre intention est de faire quelque chose que vous pouvez utiliser rapidement... pourquoi pas

Acheter des livres

Enfin, une autre option est d'acheter des ebooks en droits libres : l'auteur vous vend le produit fini et vous autorise à le modifier/éditer/signer de votre nom. Vous pouvez aussi contacter l'auteur d'un vieux livre et demander si vous pouvez le vendre en ligne. Cela implique de partager les profits, mais si c'est un grand livre qui n'a pas trouvé d'audience, alors vous pouvez être la personne qui en fera un succès et cela peut être très rentable.

Par exemple, le site <u>Ebook Boutique</u> propose de nombreux ebooks libres de droit.

Longueur et autres facteurs

Lorsque vous écrivez votre texte, plus vous prenez de temps plus cela vous coûte cher car vous retardez la mise en vente et augmentez la survenue de concurrents.

La longueur de votre livre électronique doit être aussi longue que nécessaire, ni moins ni plus.

Vous pouvez présenter votre idée révolutionnaire en seulement 10 à 20 pages s'il n'y a pas besoin de plus. Il est inutile de gonfler artificiellement le texte pour augmenter le nombre de pages.

N'oubliez pas que de nos jours, à cause d'internet et de l'accès immédiat à l'information, les gens consacrent de moins en moins de temps à la lecture. Cela ne vaut pas pour les œuvres de fiction évidemment.

Chapitre 3 : écrire du contenu percutant et utile au lecteur

Si vous pouvez écrire le livre vous-même alors notez que ce sera toujours l'approche préférable. Dans le même temps, gardez à l'esprit que vous pouvez toujours choisir d'aller "à mi-chemin" et de faire des compromis. C'est à dire que vous pouvez écrire le livre vous-même et puis avoir quelqu'un qui est davantage expert en la matière pour corriger ce qui doit l'être.

La prochaine question est alors de savoir comment vous allez rendre votre propre style d'écriture attrayant pour la lecture.

Voici quelques conseils qui peuvent vous aider à rédiger un contenu plus attrayant, intéressant et divertissant.

Écrire votre livre

Considérez maintenant votre style d'écriture. Comment créer un style qui saura plaire à vos lecteurs et qui leur transmettra toute l'information nécessaire ? Quel ton convient à votre auditoire ? Comment les faites-vous lire ?

Beaucoup de points entrent en considération. Le premier est simplement de s'assurer que votre livre est bien écrit. Cela signifie qu'il doit être, dans la mesure du possible, totalement exempt de fautes d'orthographe, de grammaire et de frappe ! Il doit aussi être écrit dans un style qui convient au sujet. Si votre livre est très technique ou professionnel, alors vous devriez écrire avec un ton professionnel. Si votre livre est un peu plus léger, un ton conversationnel sera parfait.

Quoi qu'il en soit, l'objectif le plus important est la lisibilité. La grande question est : le livre est-il facile à lire et à suivre ? Est-ce que le contenu interpelle l'auditoire et capte son attention ?

Votre livre doit être facile à lire et à comprendre, ne faites donc jamais dans la surenchère stylistique : transmettez votre message de manière limpide et fluide, avec un début, un milieu et une fin. Faites preuve de logique organisationnelle, de bon sens.

Mettez-vous toujours à la place du lecteur.

Évitez le jargon et essayez d'écrire les choses aussi efficacement que possible avec le moins de mots nécessaires pour faire passer votre message.

Une bonne façon de tester la lisibilité de votre livre est de le lire à haute voix. Lorsque vous faites cela, vous constatez que certaines phrases ne s'écoulent pas aussi bien qu'elles le pourraient ou que le sens n'apparaît pas facilement. Réécrivez ces phrases pour vous assurer que votre livre sonnera bien lorsqu'il sera parlé.

De plus :

- Envisagez d'utiliser une structure narrative qui rendra votre livre plus attrayant et engageant.
- Divisez les grands paragraphes en plusieurs petites phrases.
- Parlez directement au lecteur (posez beaucoup de questions, utilisez-le "vous", etc.).
- Finissez les paragraphes et les phrases sur des accroches ou des questions pour que le lecteur ait envie de passer tout de suite à la section suivante.

Si vous faites toutes ces choses, alors votre livre devrait être aussi captivant que possible.

Le problème de la page blanche

Bien sûr, l'autre grand défi lorsqu'il s'agit d'écrire un ebook est tout simplement de vous motiver à continuer d'écrire et de faire face à cette redoutable "page blanche". C'est quelque chose que vous devrez assurément affronter et surmonter, mais sachez que certains des auteurs les plus prolifiques de l'histoire se sont débattus avec ce problème.

Alors, que faites-vous lorsque vous regardez cette page blanche et que vous n'êtes pas sûr de savoir quoi y mettre ?

Eh bien, lorsque vous avez de la difficulté à écrire, un conseil est d'envisager de changer le format, la façon dont vous introduisez le sujet ou comment vous commencez le sujet de ce chapitre.

Une autre astuce consiste à vous poser la question : quel est le but de cette partie, pourquoi dois-je l'écrire ? La réponse vous dira par quoi commencer et comment découper le texte en étapes dont vous ferez la liste. Il ne vous reste ensuite qu'à remplir le texte correspondant à chaque étape.

Mais pensez-y aussi de la façon suivante : si finalement vous trouvez qu'il est ennuyeux d'écrire la partie suivante, quelles sont les chances que votre auditoire la trouve intéressante à lire ? Dans ce cas de figure, vous devrez probablement repenser la façon dont vous rédigez la section pour la rendre plus intéressante et plus attrayante. Cela facilitera l'écriture et la lecture.

Sinon, il s'agit de discipline et de pouvoir se forcer à écrire sans interruption pendant de longues périodes...ou juste 15 minutes ! Le secret : écrire tous les jours sans aucune exception, même si c'est 10 minutes. Faites de l'écriture une habitude de votre quotidien !

Chapitre 4 : Formater, mettre en PDF

Si votre objectif est de vendre votre livre sur Kindle (un point que nous aborderons plus tard), vous devrez sauvegarder le texte dans un format spécial (page web, ou page web filtrée, sous Word). Sinon, vous créerez un PDF qui peut être lu avec Adobe Reader sur n'importe quelle machine électronique : tablette, ordinateur, smartphone, liseuse etc...

Quoi qu'il en soit, le processus sera en grande partie similaire et l'objectif est le même : rendre votre livre visuellement agréable pour s'assurer qu'il est facile à lire et pour inciter les gens à vouloir tourner la page pour lire la suivante.

Tout cela est en fait assez facile.

Comment créer un document formaté ?

La première chose que vous devez faire est d'investir dans une copie de Word de Microsoft. Word vous facilitera la tâche en vous proposant toutes les fonctionnalités de formatage nécessaires à une conception professionnelle. Vous pouvez aussi utiliser les versions alternatives, gratuites, comme OpenOffice par exemple.

Pour commencer, assurez-vous de choisir une police de caractères nette et facile à lire. Tout comme pour votre style d'écriture, l'objectif le plus important ici est de s'assurer que votre contenu est lisible et cela signifie avoir une police de caractères claire et agréable à lire. Arial est très classique, tout comme Calibri ou Verdana. Ensuite, il faudra séparer votre livre en chapitres, paragraphes... avec des titres, sous-titres, etc. C'est très simple avec Word puisqu'il suffit de choisir le style adapté au texte s é l e c t i o n n é .

En gros, vous allez à n'importe quel titre de chapitre, vous le sélectionnez à la souris et vous le définissez comme Titre 1 en utilisant l'option Styles de l'onglet Accueil. Les sous-titres de ce chapitre, s'il y a lieu, se verront affecter le style Titre 2, et ainsi de suite. Pour modifier un style, il suffit de faire un clic droit dessus puis de sélectionner "Modifier".

Vous pouvez également utiliser ces titres pour naviguer rapidement dans votre livre. Appuyez sur "Ctrl + F" pour ouvrir le volet de navigation à gauche de l'écran et de là, vous verrez que vous pouvez choisir les titres et vous y rendre directement d'un simple clic. Cela vous aidera lors de la rédaction, pour trouver rapidement un paragraphe donné, et cerise sur le gâteau, de nombreuses plateformes dont Kindle reconnaîtront automatiquement ces titres de chapitre.

Mieux encore, l'utilisation de cette fonctionnalité toute simple vous permet d'insérer une table des matières qui sera mise à jour au fur et à mesure. Il vous suffit de sélectionner l'onglet 'Références' puis de cliquer sur "Table des matières" en sélectionnant le style qui vous convient. C'est une manière élémentaire de rendre votre livre un peu plus navigable avec un minimum de travail. Par ailleurs, l'insertion d'un en-tête, d'un pied-de-page et de numéros de page se fait de la même manière.

Vous pouvez aller beaucoup plus loin dans la personnalisation en utilisant les "Thèmes" de l'onglet mise en page. Attention : tout est possible si vous souhaitez proposer un ebook sous forme de fichier PDF, mais il est recommandé de faire simple pour les ebooks qui seront proposés sur Kindle.

Iconographie

Rien ne vous interdit d'insérer des graphiques, des schémas, des photos ou des figures dans votre ebook (même si avec Kindle, cela peut générer des problèmes).

Vous pouvez acheter ces images sur les sites dédiés, vous pouvez même trouver des sites d'images gratuits (comme free images.com) ou vous pouvez créer les vôtres en prenant des photos.

Bien sûr, si vous êtes prêt à aller plus loin, vous pouvez sous-traiter la création de vos images en utilisant un site freelance comme celui dont nous avons déjà parlé (hopwork).

Même si cela peut sembler une perte de temps de créer un design unique, ajouter des images et, en général, créer un look pour votre livre, cela peut faire une énorme différence dans vos ventes. Essayez de sortir des sentiers battus et pensez vraiment à votre ebook comme un vrai produit. Donnez-lui une mise en page visuelle distincte et un style unique. Si vous faites cela, vous pouvez renforcer la notoriété de votre marque tout en améliorant l'attrait de vos contenus.

Pour finir, n'oubliez pas d'enregistrer votre fichier au format PDF (avec PDF Creator par exemple) ou HTML si vous prévoyez de le vendre via Kindle.

Chapitre 5 : une couverture qui attire l'œil

Une autre caractéristique de conception importante et qui aura un grand impact sur le succès de vos ventes est la couverture de votre livre. Si vous créez un livre avec une couverture "qui claque", alors il se détachera immédiatement et les gens seront beaucoup plus enclin à le lire.

Comme toujours, l'accent devra être mis sur le fait de rendre votre livre différent et intéressant. Si tout votre livre est un bloc de texte sur fond blanc, il n'aura pas l'air très professionnel ou particulièrement intéressant. De même, si votre livre n'a qu'une image générique sur la couverture, alors il apparaîtra encore une fois bon marché et n'aura pas l'impact que vous visez.

Rendez-vous dans votre librairie préférée ou votre bibliothèque locale et essayez d'identifier l e s livres q u i attirent l e plus l'attention. Vous constaterez probablement qu'ils sont très stylisés, qu'ils utilisent des coloris très spécifiques ou qu'ils sont futuristes ou très modernes. Essayez d'en tirer des leçons et utilisez les mêmes techniques pour la conception de votre propre ebook.

Gardez bien à l'esprit toutefois qu'un ebook n'est pas un livre physique. Par exemple, il n'est pas payant d'avoir quelque chose de trop compliqué pour votre couverture. Le risque est que l'apparence soit dégradée lorsque l'image est affichée en petit (sur un smartphone par exemple). De plus il est préférable que la couverture soit correcte quand elle est affichée en noir et blanc (n'oubliez pas que la plupart des lecteur Kindle sont encore en noir et blanc). Il faut donc que votre couverture virtuelle soit bien contrastée.

س عند عب الِكة عِلِب الإ عـقب آط إ ع لُبئ عـيب إِكة آ ة عط ي آطا ي عـ ه هآ نَجِ

La question est de savoir *comment* vous allez créer votre couverture. Pour ce qui est des meilleurs outils à utiliser, cela vaut la peine d'investir dans Adobe Photoshop si vous pouvez vous le permettre.

Il existe une version d'essai gratuite ici : http://www.adobe.com/products/photoshop.html.

Ensuite, vous allez avoir besoin de ce qu'on appelle un script de conception ce couverture virtuelle. Cela semble bien compliqué à première vue, mais ce n'est pas le cas en réalité. Je vous suggère "Cover Action Pro", disponible sur http://www.coveractionpro.com L'installation est facilitée par des instructions claires même si c'est en anglais...Il vous suffit alors de concevoir votre couverture avec titre et graphique :

Puis de lancer le script ce qui générera la couverture virtuelle :

Il existe aussi des petits logiciels indépendants qui ne nécessitent pas Photoshop. Personnellement j'utilise Boxshot3D qui n'est plus commercialisé mais qui a été remplacé par Boxshot4 que vous trouverez ici : https:// boxshot.com/boxshot/

Sous-traitez la conception

Encore une fois, il se peut que tout cela ne vous intéresse que moyennement.... Si vous êtes quelqu'un qui ne se considère pas comme un designer, si vous n'avez pas la fibre artistique, alors envisagez d'externaliser le processus via une plateforme freelance.

Les sites les plus classiques à visiter sont malheureusement en anglais mais vous y trouverez des personnes qui façonneront votre couverture virtuelle pour moins de 10 euros (en particulier sur www.fiverr.com et dans une moindre mesure www.upwork.com). La solution hopwork est toujours valable.

Chapitre 6 : vendre votre ebook à partir d'un site internet

Vous avez donc maintenant votre ebook bien écrit, dans un domaine de choix, avec un titre très intéressant et une couverture accrocheuse. Vous êtes sur la bonne voie pour réussir.

Le prochain défi est de trouver un public pour ce livre et de le vendre. Et la méthode la plus commune que de nombreux spécialistes du marketing privilégieront est celle du *marketing de contenu*. Pour l'essentiel, cela consiste en la création d'un site web, la création de contenus abondants et la constitution d'un large public qui vous fera confiance en tant que leader d'opinion dans votre niche.

L'idée générale est de générer un niveau suffisant de confiance et d'autorité afin de convaincre les gens que l'achat de votre livre est une évidence. Vous proposez du contenu gratuit sous forme de blogs, de vidéos et bien plus encore, ce qui va leur donner confiance dans votre capacité à fournir des informations et des conseils.

Pour voir comment cela fonctionne, il peut être utile d'imaginer tout le chemin qu'un nouveau client pourrait suivre entre le moment où il vous découvre et celui où il achète.

Disons que vous avez un ebook sur les exercices de musculation à la maison. Vous créez un site web ou un blog et le remplissez avec de nombreux articles qui traitent du domaine.

Ensuite, un internaute découvre votre site en cherchant de l'information. Peut-être recherche-t-il des façons originales de développer ses pectoraux, ou cherche-t-il des conseils en matière de régime alimentaire pour les séances d'entraînement à la maison. Quoi que ce soit, il cherche sur Google et tombe sur l'un de vos articles. Il découvre votre site et constate que vous maîtrisez le sujet en lisant tout le contenu affiché. À ce moment-là, il remarque le nom de votre blog avant de partir.

Et peut-être trouvera-t-il un article écrit par vous sur les réseaux sociaux, sur la base d'une recommandation par exemple. Chaque fois que le lecteur voit votre contenu, il est impressionné et sa confiance en vous grandit. Finalement, il finit par se familiariser et s'abonne à votre newsletter et ajoute votre site à ses favoris.

Vous avez un nouveau fan ! C'est un nouveau prospect pour vous car vous avez capturé son adresse email via l'inscription à la newsletter. Il devient facile de promouvoir votre ebook payant en vous adressant directement au prospect : c'est-ce que l'on appelle le marketing direct.

C'est un processus plus simple que vous ne l'imaginez car il suffit de générer et de diffuser un peu partout du contenu de qualité, gratuit et utile. C'est de cette manière que vous instaurez la confiance et rendez l'achat beaucoup plus probable.

En pratique, comment vendre ?

Tout cela signifie bien sûr que vous allez avoir besoin d'un moyen de vendre vos livres à travers votre site internet. L'une des meilleures façons de le faire est de créer une boutique en ligne et à cet égard, vous avez deux options principales.

Une option est de créer un site e-commerce de base, qui fonctionnera comme Amazon ou tout autre site de vente d'articles en ligne.

La seule différence est que vous allez vendre des produits numériques plutôt que physiques. Faire cela est relativement facile si vous avez un site WordPress, car vous pouvez vendre des produits numériques en installant la plateforme gratuite Woo Commerce. Il existe une communauté francophone très active sur le sujet (https://woofrance.fr/) et vous y trouverez toutes les infos nécessaires concernant tant l'installation que la gestion et la personnalisation.

Une autre option est de mettre en place une "page de vente". Il s'agit d'une seule page qui sera entièrement dédiée à la vente d'un seul produit. Cela signifie que la page ne contiendra aucune autre information, aucune publicité et aucune distraction : l'ensemble est conçu uniquement pour vendre votre livre. Nous verrons plus loin comment créer ce genre de page et nous discuterons des techniques que vous pouvez utiliser pour promouvoir votre site web et encourager les ventes.

Chapitre 7 : vendre sur la plateforme Kindle

Une autre option pour vendre votre ebook est de le vendre sur Kindle. C'est une excellente option car cela signifie que quiconque possède un Kindle (réel ou virtuel, par exemple sur smartphone) peut chercher, trouver et télécharger votre titre. Cela signifie également qu'ils peuvent acheter auprès d'un fournisseur en qui ils ont déjà confiance et où leurs données sont probablement déjà stockées (Amazon). La plateforme Kindle simplifie à l'extrême l'ensemble du processus de vente et vous ouvre les portes d'un vaste auditoire qui comprendra un très large éventail de lecteurs potentiels.

Considérations diverses

Avant d'aller de l'avant et ajouter votre ebook à Kindle, il faut s'assurer de respecter certains points. Tout d'abord n'oubliez pas que vous risquez de "cannibaliser" vos propres ventes. Si vous vendez votre ebook 15 euros sur votre site web et que vous le vendez également sur Kindle mais à 10 euros, vous risquez de perdre des sous... Souvent, ce sera le cas, vu que les livres Kindle ont tendance à se vendre beaucoup moins cher que les PDF des sites web.

Même si vous vendez les deux livres au même prix, il est important de garder à l'esprit que Kindle conserve une grosse part de la vente (vous avez le choix entre 35 et 70%). Vous gagnerez plus d'argent en vendant le livre par vous-même. Mais vous voudrez peut-être vendre la version Kindle à un prix plus élevé que votre propre version, auquel cas vous ferez moins de ventes. Encore une fois, tout dépend de votre domaine, du type de lecteur que vous ciblez et de vos objectifs. Le choix est le suivant : soit vous voulez gagner plus à chaque vente et vous optez pour un tarif élevé sur votre site, soit vous voulez un grand nombre de ventes et dans ce cas vous utilisez Kindle et baissez le prix. Attention, si vous choisissez l'option "Select", Kindle exigera l'exclusivité et vous ne pourrez pas vendre votre ebook ailleurs que sur Amazon Kindle. Mais rien ne vous interdit alors de faire deux versions vraiment distinctes, dont l'une sera mise en vente sur votre propre site.

Préparez votre livre pour Kindle

Maintenant que vous savez quels sont les risques et les pièges de la vente d'un livre sur Kindle, comment allez-vous aller de l'avant si vous avez toujours l'intention de le faire ?

La première étape est de préparer votre ebook en respectant le bon format. Cela garantit que votre livre sera facilement lu et compris par Amazon afin d'être converti en fichier Kindle. Si vous suivez les simples conseils de mise en page que j'ai présentés plus haut, votre fichier est paré à être chargé sur Kindle Direct Publishing, la plateforme dédiée d'Amazon. Tout ce que vous avez à faire est de sauvegarder le fichier au format "Page web" ou "Page web, filtrée".

Vous pouvez lire les directives de formatage ici : https://kdp.amazon.com/fr_FR/help/topic/A17W8UM0 MMSQX6

Il y a un certain nombre d'autres choses que vous pouvez faire pour assurer que votre livre respectera les directives de formatage. Par exemple, vous devriez vous assurer que tous vos chapitres commencent sur de nouvelles pages en utilisant des sauts de page.

Vous pouvez aussi choisir d'ajouter certains types de pages/sections recommandées par Amazon :

- Une page de titre. Avec un titre centré et un sous-titre puis votre nom
- Une page de copyright - Indiquez ici les droits d'auteur ou mentions légales. Notez que vous possédez automatiquement les droits d'auteur sur tout ce que vous créez vous-même. Attention s i vous commandez l'œuvre, vous devez vous assurer qu'il est clairement stipulé dans un contrat que vous serez titulaire intégral des droits d'auteur une fois que le texte est terminé
- Dédicace. C'est à vous de décider, mais cela peut être une touche agréable qui ajoute du professionnalisme
- Préface. Cela se passe généralement juste après votre dédicace
- Prologue. U n e petite introduction qui est normalement insérée juste après la préface
- Le texte principal
- Bibliographie ou Références
- Annexes
- Notes
- Définitions, lexique

Notez que les images doivent être insérées en cliquant sur Insérer > Images plutôt qu'en faisant des copier-coller. Il est également préférable de centrer vos images et d'éviter toute mise en page un peu complexe.

Soumettre votre fichier à Amazon

Pour soumettre votre livre à Kindle Direct Publishing, rendez-vous sur kdp.amazon.com. Le processus est gratuit et simple : cliquez sur Ajouter un nouveau titre pour commencer la procédure.

À partir de là, vous verrez apparaître d'autres champs dans lesquels vous pourrez saisir des informations supplémentaires :

- le titre du livre
- le sous-titre
- le titre de la série (éventuellement)
- le numéro de volume
- le numéro d'édition
- la langue
- l'auteur
- l'éditeur
- les contributeurs
- le numéro ISBN (si vous en avez un)
- la catégorie
- les droits d'édition (ne cochez pas que votre livre est dans le domaine public sinon vous renoncez à vos droits d'auteur)

Vous pourrez également ajouter des informations telles qu'une description et une couverture. C'est très important pour encourager les ventes et transmettre la "proposition de valeur" que vous suggérez. Encore une fois : comment votre livre améliore-t-il la vie des gens ? Que peut-il offrir de plus que les autres titres ?

Il vous sera également demandé d'entrer votre prix. Il est à noter qu'Amazon prend normalement 35% pour les livres les moins chers, mais que cela peut aller jusqu'à 70% pour les titres plus onéreux.

Maximiser l'exposition de votre titre

Quand il s'agit de maximiser les ventes sur Kindle, l'objectif principal est d'augmenter votre positionnement dans le magasin Kindle, qui est une extension d'Amazon lui-même.

Cela signifie que vous voudrez peut-être reconsidérer votre titre. En gros, le magasin Kindle et Amazon fonctionnent comme Google. C'est fondamentalement un moteur de recherche et les gens viennent ici pour trouver du contenu en cherchant ce qu'ils veulent.

Cela signifie que vous pouvez réellement augmenter votre visibilité et donc vos ventes en pensant à votre titre en termes de mots de recherche et de ce que les gens attendent. Si votre livre s'appelle "Cours de Fitness", alors il n'y aura peut-être pas trop de gens qui le découvriront en cherchant la phrase. Mais si votre livre s'appelle "Comment faire de la musculation chez soi" nous avons quelque chose de plus spécifique et c'est préférable.

Bien sûr, le problème avec cette option, c'est qu'elle se heurtera à une forte concurrence. Encore une fois, la clé est de choisir quelque chose qui est en demande et qui fait l'objet de beaucoup de recherches, mais qui ne doit pas faire face à trop de concurrence de la part des autres vendeurs.

Pour le reste, ce qui affectera le plus fortement votre visibilité est :

- Le nombre de téléchargements
- Les critiques

Votre objectif est donc d'obtenir le plus de téléchargements possibles et de gagner autant de critiques positives que possible.

Une façon d'augmenter vos commentaires positifs est simplement de demander aux gens de laisser un commentaire s'ils ont aimé votre contenu. Ne les soudoyez pas ou n'essayez pas de les piéger pour qu'ils le fassent car cela peut vous pénaliser. Il vous suffit de souligner dans votre contenu que cela vous aiderait beaucoup de recevoir des témoignages et des encouragements si le lecteur apprécie votre travail. Par ailleurs, vous pouvez demander à vos fans de faire la même chose depuis votre propre site web.

Une autre façon de faire est de vendre votre livre à bas prix au début. Vous pouvez modifier le prix à tout moment ce qui signifie que vous pouvez vendre votre livre à bas prix pendant un certain temps histoire de générer un maximum de ventes et ensuite augmenter le coût une fois que vous êtes en haut du classement.

Notez également que faire des promotions et vendre votre livre à bas prix pendant un certain temps est une excellente façon d'obtenir de bonnes critiques : si vous vendez votre livre 1 euro et qu'il offre une tonne de contenu excellent, alors les gens seront probablement si impressionnés qu'ils laisseront un commentaire positif.

Vous pouvez aussi opter pour Kindle Select pour favoriser la promotion de votre livre. Les livres sur Kindle Select recevront souvent des promotions spéciales et seront mis en avant par Amazon ce qui peut vous aider à stimuler les ventes et vous donner l'étincelle initiale dont vous avez besoin pour démarrer. Quoi qu'il en soit, pour vous lancer il est souvent préférable de choisir un bas prix afin de vous faire remarquer.

Chapitre 8 : des créneaux de vente supplémentaires

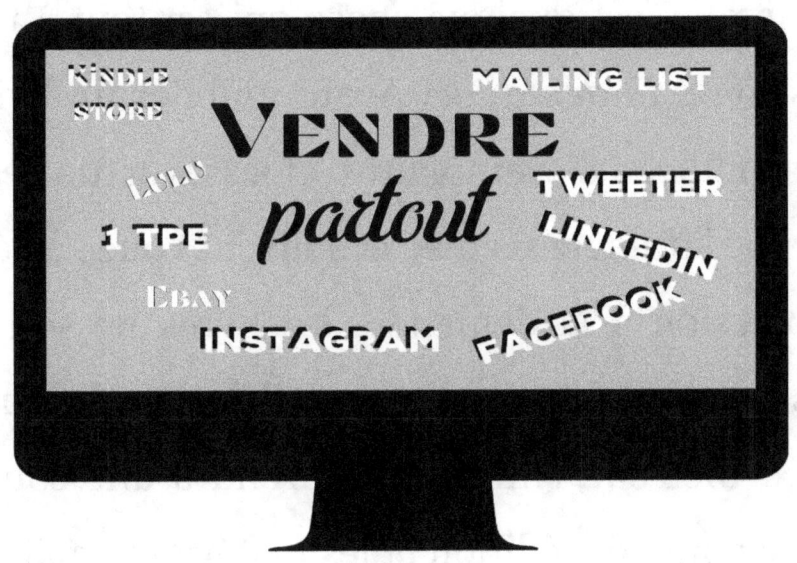

Il y a en fait de nombreuses autres façons de vendre un ebook et c'est quelque chose que beaucoup de gens négligent.

Lorsque vous avez investi autant de temps, d'efforts et/ou d'argent dans la création de votre livre, il est logique de maximiser vos rendements en le vendant dans le plus grand nombre d'endroits possible. Et chaque fois que vous trouverez une nouvelle plateforme pour vendre votre livre, vous toucherez un nouveau public et créerez de nouvelles opportunités de ventes ultérieures. N'oubliez pas qu'il est important de chercher la fidélisation la plus large, c'est le secret du succès à long terme.

Un "vrai" livre en papier

Une option particulièrement intéressante est de créer une version papier de votre livre. C'est quelque chose qui est tout à fait possible grâce à *l'impression à la demande*. Avant, publier un livre signifiait commander des milliers d'exemplaires et essayer de les vendre à profit ce qui est une stratégie risquée et souvent vouée à l'échec.

Mais avec l'impression à la demande, les livres ne sont imprimés qu'à chaque fois que vous faites une vente. Cela signifie qu'il n'y a pas de coûts initiaux. Bien sûr, l'imprimeur prendra une commission et vous serez facturé pour l'expédition et les matériaux, mais vous faites des bénéfices à chaque fois que votre livre se vend. Vous pouvez offrir quelque chose de physique et de tangible à vos lecteurs, ce qui peut faire une énorme différence en termes de ventes, surtout si vous ciblez un public moins averti sur le plan technologique et moins impliqué dans l'achat de produits numériques.

Le simple fait de pouvoir montrer aux gens le produit "réel" peut vous aider à générer encore plus de ventes, même lorsque ces ventes finissent par être numériques (en d'autres termes, ce processus peut être utilisé uniquement comme un outil de marketing).

Pour créer une version papier de votre livre, rendez-vous dans la section d'auto édition d'Amazon, ou essayez Lulu.com. Il y a beaucoup d'options pour créer le type de livre que vous voulez (reliure, qualité du papier, format...) et tout cela est étonnamment facile.

Autres plateformes

Il existe de nombreuses autres plateformes grâce auxquelles vous pouvez vendre votre ebook et chacune vous fournit un moyen d'élargir votre audience et de trouver de nouvelles façons de vous faire connaître. Le Kindle Store est ce que vous appelez une "plateforme de distribution" et si vous créez une copie papier de votre livre avec Lulu, il sera également dans le magasin de Lulu pour que les gens puissent le découvrir. En même temps, vous pouvez promouvoir votre livre via Google Play Livres ou via iTunes. A moins que vous n'ayez signé un accord, il n'y a aucune raison de ne pas être présent sur toutes ces plateformes et de maximiser ainsi votre potentiel de vente.

Vous pouvez également opter pour un mode de vente moins conventionnel. Par exemple, pourquoi ne pas simplement créer une annonce sur eBay ? Il n'y a pas de règle contre cela et en fait, vous constaterez qu'un grand nombre d'auteurs vendent leurs livres de cette façon. Une autre option est de vendre directement à votre public par le biais de votre mailing-list ou via les réseaux sociaux.

Chapitre 9 : Comment rédiger une page de vente

Si vous voulez vendre votre ebook à partir de votre propre site internet, alors la meilleure façon de le faire est sans doute d'utiliser une page de vente. Comme nous l'avons déjà dit, il s'agit essentiellement d'une seule page de votre site qui est entièrement consacrée à votre livre et surtout à sa vente. Cela signifie que le design entier de la page tournera autour du bouton "Acheter maintenant" (c'est le fameux "Appel à l'action") et que vous devrez tout faire pour convaincre l'internaute de cliquer dessus pour acheter.

L'objectif de votre page de vente est de maximiser les "conversions". Cela veut dire que pour chaque personne qui visite la page, vous voulez maximiser la probabilité qu'elle fasse un achat. La page de vente est l'endroit où vous pouvez concentrer toute votre force de conviction et vos tactiques marketing.

Ainsi, par exemple, si votre page de vente a un taux de conversion de 10%, cela signifie que si vous envoyez 100 personnes sur la page à l'aide de publicités, vous pouvez espérer réaliser 10 ventes. C'est un taux de conversion très élevé, mais c'est possible.

Connaître son taux de conversion est important car vous pouvez ensuite élaborer un solide plan d'affaires fondé sur des chiffres concrets. Si vous devez créer une campagne de marketing utilisant des publicités Facebook ou Google AdWords par exemple, alors vous serez facturé au clic. Cela implique que vous ne payez que chaque fois que quelqu'un clique sur votre annonce. Vous savez donc exactement combien 100 visiteurs vous coûteraient. Supposons que votre CPC (coût par clic) est de 50 centimes et que vous obtenez 10 ventes pour 100 clics. Vous pouvez calculer que chaque vente vous coûtera 5 euros. Si votre livre est proposé à 10 euros, vous réalisez un profit de 50 %.

Bien sûr, les chiffres ne seront pas toujours aussi favorables et trouver une stratégie qui fonctionne sur Google AdWords ou Facebook peut impliquer des dépenses importantes en tests et ajustements.

Il est donc très important d'avoir une page de vente tout à fait convaincante.

Alors, comment faire pour créer une telle page ?

Concevoir votre page de vente

En termes de conception internet, l'approche la plus répandue est de faire une page de vente *étroite et longue*. L'idée derrière cela est qu'une page longue et étroite encourage le visiteur à continuer de faire défiler la page et de regarder plus loin. Cette sensation de défilement à son tour rend le prospect de plus en plus attaché à votre produit et maintient sa curiosité.

Comme indiqué plus haut, tout sur cette page de vente doit diriger le lecteur vers le bouton d'achat afin de maximiser le taux de conversion. Cela signifie qu'il ne doit y avoir aucune autre publicité sur la page et aucun lien vers votre page d'accueil ou toute autre partie de votre site. La seule façon de quitter cette page devrait être de cliquer sur le bouton "Acheter" ou de revenir en arrière.

Un autre aspect commun de ces pages est qu'elles utilisent souvent une combinaison de couleurs rouge ou orange. L'idée derrière cela est que ces couleurs élèvent le rythme cardiaque et nous rendent plus impulsifs et plus enclins à l'action. Elles attirent l'attention et attisent la curiosité. C'est une bonne chose car nous achetons de façon impulsive sur la base de l'émotion plutôt que sur la base de la logique. Votre objectif est d'obtenir une vente rapide et un gros titre rouge le fait mieux qu'un gros titre bleu !

Si vous souhaitez créer une page de vente rapidement et facilement, vous pouvez le faire en utilisant le thème pour WordPress appelé "Optimize Press".

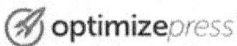

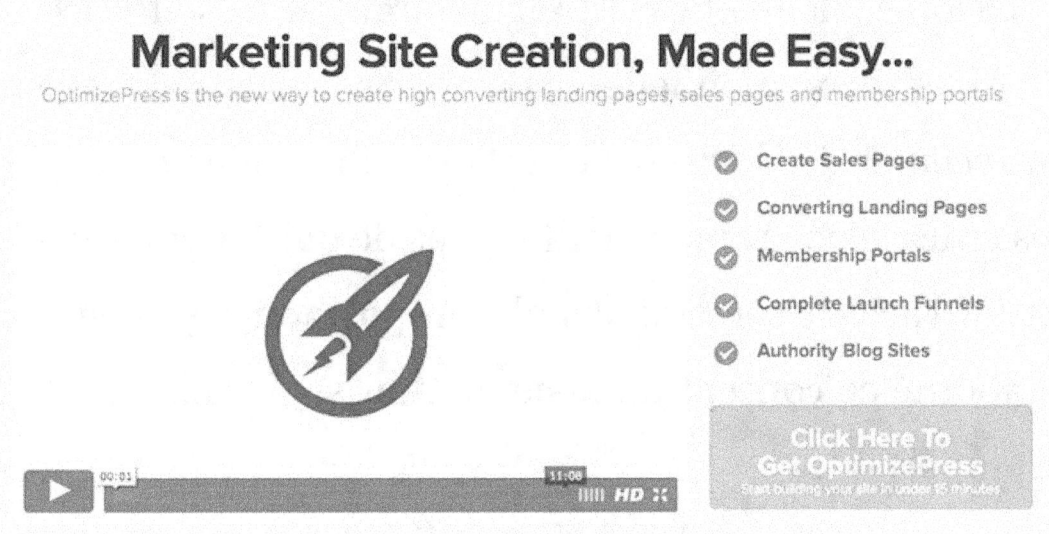

Attention, c'est en anglais ! On peut aussi citer LeadPages, et sur le marché francophone, la plateforme 1TPE ou bien encore Learnybox ou les plugins Kleor.

Trouver les mots persuasifs

La prochaine pièce du puzzle est d'utiliser un texte convaincant pour encourager vos lecteurs à acheter votre livre.

La première chose à faire est de capter l'attention de vos visiteurs et de les retenir. Votre objectif est de réduire votre taux de rebond (nombre de personnes qui quittent votre site après 2 secondes) et vous le faites en les attrapant tout de suite avec un argument convaincant.

Une façon d'y parvenir est de recourir à une "structure narrative". Cela signifie que vous allez parler de votre produit comme si c'était une histoire. Non seulement c'est très inspirant et très efficace pour obtenir une réponse émotionnelle, mais nous sommes naturellement conçus pour écouter des histoires et cela signifie que la stratégie est souvent très efficace pour empêcher les gens de quitter votre page.

À partir de là, l'accent sera mis sur la proposition de valeur. Nous avons déjà abordé ce concept à plusieurs reprises, mais c'est là que c'est le plus important.

Votre but est de faire en sorte que votre livre soit perçu comme la solution unique à un problème et d'amener le lecteur à imaginer et à visualiser ce que pourrait être sa vie en cas d'achat. Parlez de ce que cela fait d'avoir des abdominaux incroyables et une énergie sans fin ; faites-leur ressentir la satisfaction d'avoir leur propre restaurant et de proposer une cuisine qui ravit chacun des clients.

En même temps, vous devez aussi leur montrer comment votre livre va les aider à parvenir au résultat. Expliquez ce qu'il y a dans le livre et assurez- vous de répondre aux préoccupations de votre auditoire. En d'autres termes, comment savent-ils que votre livre n'est pas un autre jeu de promesses vides ? Qu'est-ce qui différencie ce livre de tous les autres sur le marché ?

Vous pouvez le faire en abordant les préoccupations majeures de vos prospects, en utilisant des schémas, des chiffres, des exemples, des témoignages. Listez les bénéfices concrets apportés par votre livre : dites clairement en quoi la vie du lecteur sera améliorée. Une autre très bonne stratégie consiste à minimiser le risque associé à l'achat de votre ebook en offrant une excellente garantie de remboursement ainsi que des bonus gratuits, mais utiles et de valeur.

Enfin, assurez-vous d'encourager une prise de décision rapide en créant un sentiment d'urgence et de rareté. Pour ce faire, vous pouvez dire que vous avez un stock limité ou proposer une remise limitée dans le temps.

Quoi qu'il en soit, votre objectif est de faire acheter vos visiteurs immédiatement sans laisser de place au moindre doute.

Chapitre 10 : Assurer la promotion, améliorer les ventes

C'est fait : vous avez votre livre à vendre sur de multiples plateformes et vous savez comment mettre les avantages et bénéfices en valeur pour faire que les gens le veuillent. J'espère ainsi que :
- vous savez désormais comment construire une page de vente
- vous avez une idée sur la tactique à suivre pour être mieux classé sur Kindle.

Mais il y a d'autres stratégies que vous pouvez utiliser pour stimuler les ventes et voici quelques-unes des meilleures options...

Mettre en place un programme d'affiliation

Si vous mettez en place un programme d'affiliation, les gens peuvent vendre votre livre en votre nom et en échange garder un pourcentage du bénéfice sur chaque vente. Cela permet de construire une armée de spécialistes du marketing pour vous aider à faire plus de ventes et lorsque vous faites cela, vous serez en mesure de doubler, tripler ou quadrupler votre chiffre d'affaires.

Il existe des logiciels et des plugins Wordpress pour vous aider à faire tout cela, mais si vous êtes débutant total, je vous suggère d'utiliser la plateforme 1TPE pour plus de facilité et de rapidité (mais moins de liberté !). Rendez-vous sur le site et regardez comment configurer un compte en tant que créateur de produit :

Adopter la publicité payante

Nous avons déjà abordé brièvement l'utilisation de la publicité CPC afin d'augmenter les ventes de vos produits. Cela signifie que vous payez quand des personnes cliquent sur vos annonces sur des plateformes spécifiques (typiquement Facebook et Google). Attention : le CPC est un art et la rentabilité peut mettre du temps à venir et en plus elle n'est jamais garantie dans le temps ! Il faut souvent faire de nombreux tests avant d'avoir des résultats positifs mais le "jeu" peut en valoir la chandelle.

<u>Avertissement</u> : il n'y a aucune garantie de réussite et vous pouvez perdre de l'argent.

Autre conseil d'importance : le CPC coûte cher, surtout si vous êtes dans un domaine très concurrentiel. En conséquence, ce que vous avez à vendre doit avoir un niveau de prix assez élevé. Si votre but est de vendre un seul ebook à 5 euros, oubliez le CPC. Si votre but est d'abord de faire une vente à 5 euros, PUIS de proposer d'autres achats d'ebooks par la suite, cela peut marcher. Dans ce cas, vous utilisez le CPC pour trouver, capter et fidéliser de nouveaux clients sur le long terme. La rentabilité est possible. Troisième cas, le produit (oubliez le petit ebook et considérez plutôt une formation complète) est au moins à 100 euros : la rentabilité est alors probable. Mais la meilleure des stratégies est la suivante : première étape, vous utilisez le CPC pour capter les coordonnées du prospect sans forcément lui vendre quelque chose, ou alors un petit guide à quelques euros. Deuxième étape, vous faites la promotion massive d'un ou plusieurs produit(s) haut-de- gamme à 100 euros. C'est dans cette situation que le CPC est le plus rentable.

La meilleure option est peut-être d'utiliser la plateforme de publicité de Facebook. Les publicités Facebook offrent un grand nombre d'options de ciblage qui vous permettent de décider précisément qui voit vos annonces. Vous pouvez choisir de nombreux critères comme la région d'origine, l'âge, le milieu socio-professionnel, les habitudes, les centres d'intérêt et plus encore et vous assurer ainsi que seules les personnes qui sont susceptibles d'acheter votre   produit le voient.

Si vous voulez tester cette stratégie, il faut évidemment que votre ebook ou votre formation soit en vente et que tout fonctionne bien. Il faut ensuite vous donner un budget d'essai et vous y tenir. Par exemple, mettez 100 euros de côté et *acceptez bien l'idée que vous allez peut-être dépenser ces 100 euros sans faire aucune vente*. C'est typique quand on commence... Faites un premier essai avec par exemple 25 euros de budget quotidien, et voyez combien de clics vous obtenez et combien de ventes ils génèrent. Recommencez un autre jour en modifiant l'annonce par exemple, ou bien le ciblage et voyez comment évoluent les chiffres. Ajustez et trouvez la combinaison qui procure le meilleur taux de conversion. Avec 100 euros vous pouvez faire 4 essais différents.

Illustration : prenons le cas d'une formation à 99 euros composées d'une série de modules que vous proposez sous forme de 7 ebooks accompagnés chacun d'une petite vidéo. Si une journée vous dépensez 100 euros et que cette somme génère 200 clics puis 3 ventes, cela vous fait 197 euros de bénéfice. Si vous faites une vente, vous perdez 1 euro. Si vous ne vendez rien, ...vous perdez 100 euros. Donc je le répète : attention !

Trouvez les filons du marché

Si vous avez trouvé une niche spécifique pour votre livre (ce qui doit être le cas comme nous l'avons discuté en détail) alors vous devriez pouvoir trouver des "voies d'accès au marché". Cela signifie qu'il faut trouver un canal direct pour les personnes qui sont les plus susceptibles d'acheter votre produit. Si vous vendez un livre sur le tricot, il vous faut trouver un magazine ou un forum sur le tricot. Si le sujet de votre livre est l'ultra-trail, rejoignez les groupes qui abordent le sujet sur Facebook et Google+. *Présentez-vous et interagissez dans tous les groupes qui concentrent les personnes que vous ciblez.*

Vous l'avez compris, la création d'un ebook destiné à un groupe de personnes spécifiques et la recherche d'un moyen de les atteindre directement est un modèle d'affaires parfait et peut augmenter considérablement vos ventes

Le fameux "cadeau gratuit"

Envisagez de créer une version plus courte de votre ebook afin de l'offrir en cadeau à partir de votre blog ou de votre site web. Pour ce faire, utilisez un formulaire d'inscription et offrez la version courte en échange de l'adresse email de vos prospects. C'est un bon moyen de démontrer votre expertise et vous pourrez ensuite envoyer des emails aux nouveaux inscrits pour les convaincre d'acheter la version payante. Cette approche est d'ailleurs la base du webmarketing. Il vous faudra un logiciel autorépondeur pour automatiser la procédure (de type GetResponse ou SG-autorépondeur).

Une autre option est de créer un ebook payant très bon marché, qui peut avoir l'avantage pratique de supprimer toutes les réserves que votre public pourrait avoir sur l'utilisation de votre système de paiement. Les gens sont plus susceptibles de risquer un achat de 2 euros et une fois qu'ils l'ont fait, ils seront plus à l'aise ce qui facilitera grandement la vente ultérieure de d'ebooks ou formations moins bon marché.

Conclusion

Voilà donc tout ce qu'il vous faut savoir pour commencer à vendre vos livres et en tirer profit. Nous avons évoqué toutes les étapes, depuis le thème et le titre jusqu'à la promotion, en passant par la rédaction et la conception.

Il y a beaucoup de choses à prendre en compte, alors je vous recommande de relire tout cela une étape à la fois, un crayon à la main, puis de rédiger votre plan d'attaque.

Mais s'il y a un point important à retenir, c'est de s'assurer que votre livre a une valeur réelle. Cela commence dès le moment où vous choisissez le titre et quand vous choisissez le domaine. Choisissez un créneau populaire correspondant à une demande réelle et assurez-vous de fournir du nouveau, de l'utile et de l'original.

Assurez-vous de résoudre un problème clair et offrez une solution utile dont les bénéfices seront directs pour le client.

Faites de votre livre un vrai produit. Il ne doit pas s'agir uniquement d'un texte enregistré au format PDF mais d'un bel exemple de mise en page et d'écriture avec une superbe image de couverture. Faites quelque chose dont vous êtes fier et qui attire l'attention.

Si vous pouvez le faire et que vous assurez ensuite la promotion auprès du bon public, vos ventes augmenteront avec le temps, c'est une certitude.

Et vous pourrez ensuite recommencer le processus avec un deuxième titre. Bienvenue dans le monde de l'édition numérique !